DANIEL SANTIAGOE

60 RECETTES DE CURRY DANS LEUR STYLE ORIGINAL

Traduit par Patrick KUNYIMA LUPUMBA

EXIBOOK
JE PENSE, DONC J'ÉCRIS

CONTENUS

PRÉFACE DE L'AUTEUR.

AVEC beaucoup de gratitude à M. A. Egmont Hake pour sa gentillesse dans la rédaction de la préface de mon premier livre sur les curries, et un grand crédit est dû à *Saturday Review* et mon humble respect est dû à mes deux maîtres, Shand, Haldane & Co., de Londres, qui m'ont amené en Angleterre et en Écosse, avec quatre autres serviteurs, et m'ont permis de publier un petit livre pour faire ma petite fortune désirée, ce qui est très honorable. De la première édition de 500 exemplaires, j'en ai entièrement vendu 400, et une centaine d'exemplaires ont été présentés à des amis en Angleterre et à Ceylan. Mon intention en publiant cette deuxième édition est que j'ai donné trop peu de recettes et d'informations dans mon premier livre pour six pence chaque exemplaire. Bien que je pensais que cela valait la peine d'en faire une édition agrandie et révisée pour le même prix cette fois, je voudrais donner de nombreuses recettes pour faire un curry, et donner les noms de toutes les viandes et légumes en anglais et tamoul. Dans chaque rubrique de Curries, deux sortes d'ingrédients sont données: l'une à acheter en Angleterre, l'autre à Ceylan; et chaque curry sera également correctement instruit. J'ai goûté les currys de Bengalee, etc., à bord de bateaux à vapeur et à terre. Ils utilisent des produits de curry appropriés, etc., mais ils le parfument trop; en utilisant beaucoup de ghee et de mouton gras, etc., - ceux-ci gâchent le goût. De même avec Bombay Curries, mais à Madras est le seul endroit où vous pourrez déguster un vrai Curry, et aussi à Ceylan, car de nombreux cuisiniers de la présidence de Madras sont venus à Ceylan il y a plusieurs années et ont répandu l'art de la cuisine générale à Ceylan. . Je crois qu'au début, le métier de cuisinier était confié à des cuisiniers européens. Actuellement, il y a trop de cuisiniers à Ceylan; presque tous les majordomes, appoo, deuxième serviteur, compagnon de cuisine, marié, etc.,

Maintenant, nous allons continuer avec notre entreprise Curry. Je recommande d'essayer les poudres de curry de plusieurs épiciers. La meilleure poudre de curry est faite de graines de coriandre (qui pourraient être obtenues chez le pharmacien), de safran, de piments secs, de graines de cumin, de quelques graines de moutarde, de quelques grains de poivre. Si la poudre de curry contient tout ce qui précède, c'est un bon curry Poudre. Certaines poudres de curry ont un goût d'acide, de farine et d'autres mélanges, ce qui, à mon avis, est malsain à tous égards. Les Tamouls utilisent le tamarin pour le goût acide. Pour tous les currys bruns, les Singalais utilisent Gorakka [1] (un fruit aigre), légèrement séché, et du jus de lime à leurs caris jaunes. Il y a un goût très différent entre un curry singalais et un curry tamoul - le goût diffère tout simplement de la même manière qu'un curry de bœuf Madras, n ° 4, et un curry de pommes de terre (légume). Les currys doivent être traités de la même manière qu'un plat ordinaire. Si vous en aviez trop, cela gâtera tout le curry. Si la viande est trop cuite, pas de goût. Si vous avez tous les trucs au curry, etc., à portée de main, vous pouvez préparer une sauce au curry en dix minutes au maximum et réchauffer n'importe quelle viande pour la table (je veux dire la brune). La sauce au curry blanc ne convient pas, sauf pour un légume ou un poisson.

Je pourrais donner plusieurs autres recettes aux currys, mais la soixantaine ci-dessus sera tout à fait suffisante. Si vous avez soigneusement essayé ce qui précède, les currys seront les plus économiques.

Une femme Madras peut battre n'importe quel autre Indien femme dans la cuisine au curry. Dans plusieurs maisons de la noblesse de Madras, etc., ils gardent une femme pour faire des currys et préparer des légumes pour la table - nous l'appelons «Thanney Kareyitchi» - en plus du cuisinier et du compagnon de cuisine.

Le Madras Curry toujours le meilleur, bien différent d'un Bengal ou Bombay Curry, à mon avis.

D. SANTIAGOE.

60 RECETTES DE CURRY DANS LEUR STYLE ORIGINAL

N ° 1. - POUDRE DE CURRY FAITE MAISON.

EN ANGLETERRE.

- 1 lb de graines de coriandre.
- ½ oz. Safran.
- 1 cuillère à soupe de graines de cumin.
- ½ douz. Poivres.
- Un petit peu de cannelle (1 po carré).
- 8 piments séchés Capsicums.
- 4 cuillères à soupe de bon riz.

À CEYLAN.

- Coriandre.
- Graines de safran et de cumin.
- Poivres. Cannelle.
- Piments séchés - Riz.

- Feuilles de curry, et peu d'autres choses ne peuvent pas être achetées en Angleterre.

NB - Je ne mentionne cette poudre de curry faite maison que si vous pouvez vous procurer les produits de curry ci-dessus séparément des pharmacies ou des épiciers. Comme je l'ai entendu d'un gentleman de Liverpool, «tout ce que le monde produit peut être acheté à Londres» !!!

Mode. —Placez une poêle (pas une poêle émaillée) sur le feu; dès qu'il fait chaud, mettez la coriandre; quand belle et couleur or l'enlève et remettre sur une assiette. Mettez le feu à la poêle et ajoutez les graines de cumin, les grains de poivre, les piments secs. Il suffit de secouer, de le retirer et de lui donner deux ou trois autres secousses et de le mettre dans une assiette, mais ne mettez pas le safran dans la poêle. Essuyez maintenant la poêle et mettez le feu à nouveau; quand il est chaud, mettez le riz et continuez à secouer jusqu'à ce que chaque grain devienne brun doré; ne le laissez pas brûler. Le riz à bord des navires répondra mieux à cela que vous n'achetez chez votre épicier; mais dans la rareté de ci-dessus, n'importe quel riz fera l'affaire.

Maintenant, quand tout cela sera fait, nous devrons le broyer en une poudre lisse. Celles-ci ne peuvent pas être effectuées à moins que vous n'ayez un pilon en pierre ou une pierre de curry et un broyeur. Ce dernier que je n'ai pas vu en Angleterre, il y a toujours les plus belles pierres métalliques solides en Angleterre. La pierre et le broyeur de curry sont achetés gratuitement dans le pays de Ceylan, mais à Colombo, la ville principale ici, nous payons

16

50 cents, à Rs. 2 50 cts. chaque. La pierre de curry et le moulin dureront des générations. Il est préférable de moudre toutes les farces de curry séparément et de les conserver chacune dans sa propre bouteille, alors vous ferez attention à ce que vous faites et vous saurez combien vous utilisez de chaque substance.

Pour toute viande de curry (par lb), ajoutez une cuillère à soupe des graines de coriandre, une cuillère à sel de safran, une pincée de graines de cumin, une pincée de poivre, un petit peu de cannelle, une demi-cuillère à soupe de poudre de riz; si vous préférez chaud, ajoutez un peu de poivre de Cayenne. Pour les currys blancs, il suffit d'ajouter une demi-cuillère à café de safran. Si à portée de main, il suffit de couper un jeune poivron en quartiers et de l'ajouter au curry. Vous pouvez également ajouter des piments verts aux caris de viande. Si la poudre de curry faite maison ci-dessus ne peut pas être préparée, vous devrez acheter trois sortes de poudre de curry. Coriandre, riz, graines de cumin et poivre (un mélange); poivre de Cayenne et safran mis en bouteille séparément. D'autres choses peuvent être obtenues auprès de vos épiciers respectifs. Si vous achetez un mélange de poudre ou de pâte de curry, tout aura trop de goût, comme suit: — Heat! chaud? farine amère et aigre, épices et trop de couleur jaune de safran, et trop de bonne odeur de curry. Le fait est, J'ai goûté plusieurs poudres et pâtes de curry en Angleterre et aussi en Écosse, mais rien n'égale des trucs de curry séparés. Si le curry, etc., est importé d'Inde en Europe, il se conservera longtemps et aura un bon marché, sauf les piments secs, car il y a beaucoup de poivre de Cayennedans Angleterre. Ail gingembre (vert), utilisé pour tout curry de viande, il est très sain et aide à digérer le Le curry et le riz plus tôt, car les partis pensent que les currys ne sont pas faciles à digérer. Les currys ne doivent pas être préparés trop riches, car la richesse enlève toute saveur et la viande aura le goût du curry cuit. Le beurre que vous ajoutez pour faire frire les farces au curry sera tout à fait suffisant pour enrichir le curry sans utiliser de viande grasse.

No. 2. —BOEUF CURRY (ordinaire).

- 1 lb de bœuf (la viande fraîche ou cuite fera l'affaire).
- 1 cuillère à soupe de poudre de curry (pas chaude).
- 1 pinte de bon lait ou sauce forte (boeuf).
- 1 gros oignon ou quelques petits.
- 1 jeune Capsicum et 1 cuillère à soupe de poudre de riz.
- Petit morceau de cannelle.
- Pincée de poudre de cumin; Sel au goût.

NB - À Ceylan, nous utilisons du lait de coco (le jus), des feuilles de curry et quelques autres feuilles pour épices.

Mode. —Couper la viande en carrés d'un demi-pouce; mettre dans un plat à ragoût propre, puis trancher les oignons et ajouter les oignons, la farce au curry, les piments, la cannelle, le lait, les graines de cumin, etc., et le sel. Mélangez bien le tout et mettez le feu pendant 15 à 20 minutes; ne le laissez pas brûler. Au moment de servir, ajoutez quelques gouttes de jus de citron. Si nécessaire, ajoutez une pincée de poivre de Cayenne lors de la prépa-ration.

N ° 3. —BOEUF CURRY (Ceylan).

POUR UNE LIVRE DE BON BOEUF (je veux dire maigre).

- 1 cuillère à soupe de poudre de coriandre et 1 de poudre de riz.
- ½ cuillère à soupe de poudre de safran et une pincée de poudre de cumin.
- 1 pinte de bon lait ou sauce.
- 1 gros oignon ou quelques petits.
- 2 jeunes piments verts (Capsicum).
- Un peu de cannelle (si vous aimez les épices); Sel au goût.

NB - A Ceylan, toutes les farces de curry sont fraîchement moulues. Le jus de coco, les feuilles de curry, etc. sont utilisés. C'est un curry très délicieux à manger avec du riz bouilli ou du pain grillé.

Mode. - Couper la viande en carrés d'un demi-pouce et la mettre dans un plat à ragoût propre avec les oignons tranchés, les piments en quartiers; puis ajoutez toute la poudre de curry, etc. Bien mélanger avec une cuillère en bois et ajouter trois parties d'une pinte de lait ou de sauce; puis salez au goût. Mettre à feu lent pendant 15 à 20 minutes; dès que la viande est tendre (mais pas exagérée), ajoutez l'autre quart de lait et quelques gouttes de jus de citron. Réchauffez-le simplement et envoyez-le à table dans un plat de légumes avec du riz bouilli séparé. Si vous ajoutez de la sauce à ce curry, vous devez mettre deux cuillères à soupe de crème avant de l'envoyer à table.

N ° 4. —BOEUF CURRY (Madras).

POUR UNE LIVRE DE BOEUF.

- 2 cuillères à soupe de poudre de coriandre et 1 de poudre de riz.
- 1 cuillère à soupe de safran et une pincée de poudre de cumin et de fenugrec.
- ½ pinte de lait ou bonne sauce.
- 1 gros ou quelques petits oignons.
- Un peu de cannelle, 2 clous de girofle (si vous souhaitez des épices).
- ½ cuillère à café de gingembre vert haché finement.
- Un petit ail haché finement.
- 1 grande cuillerée de beurre (frais); Sel au goût.

NB - Ce curry est fait à Madras avec ou sans noix de coco, mais peu de tamarin aromatisera ce curry mieux que le jus de citron. Le vinaigre, les feuilles de curry, etc. sont utilisés à Madras et à Ceylan. Ceci est un curry de première classe s'il est soigneusement préparé.

Mode. —Faites couper la viande en carrés d'un demi-pouce; puis émincez les oignons; mettre une bonne casserole sur le feu, ajouter le beurre; dès que le beurre est chaud, mettez les oignons et la poudre de curry, mais pas le gingembre, l'ail et les épices. Lorsque les oignons, les farces de curry, etc. sont bien dorés, ajoutez la viande, l'ail, le gingembre, les épices et tournez. Laissez reposer quelques secondes, puis ajoutez le lait ou la sauce, le sel, etc. mis à feu lent pendant environ 20 minutes. Lors de l'envoi à table, ajoutez quelques gouttes de citron ou de bon vinaigre de cornichon, mais le tamarin est préférable. Ajouter un peu de poivre de Cayenne si préféré chaud; un curry chaud est considéré comme toujours bon et sain, le poivre de Cayenne à ajouter lors de la préparation.

N ° 5. —BOEUF CURRY (Kabob ou Cavap Curry).

- 1½ lb de bœuf maigre.
- 2 cuillères à soupe de poudre de coriandre et 1 de poudre de riz.
- 1½ cuillère à soupe de safran et une bonne pincée de poudre de cumin.
- 1 bonne pinte de lait frais ou de sauce.
- 1 gros oignon ou quelques petits.
- Gingembre, environ 2 pouces de long.
- 2 ailés longs bourgeons.
- 1 grande cuillère à beurre (frais).
- Épices; Sel au goût.

NB - Ce curry est le même que celui de Madras Curry, n ° 4, mais la viande doit être tendre. Ne doit pas en faire trop, ni le brûler. Si le tamarin est utilisé, c'est mieux.

Mode. —C'est un curry de première classe s'il est soigneusement préparé. Coupez la viande en carrés d'un demi-pouce; le gingembre rond comme un morceau de trois penny et l'ail de la même taille, mais plus épais. Aiguisez maintenant quelques bâtonnets minces avec des pointes pour coller la viande (je veux dire aussi grand que du fil de bouteille de champagne, de trois à quatre pouces de long). Maintenant, commencez le travail; coller un de viande, un autre d'ail, un autre de viande et un de gingembre (je veux dire un morceau de viande doit être entre l'ail et le gingembre). Procédez comme ci-dessus jusqu'à ce que vous ayez fini la viande, etc. mettez maintenant le feu à une casserole; mettre le beurre et les oignons émincés. Quand bien dorés ajouter les farces de curry et la viande. Maintenant, laissez le tout frire doucement dans le beurre pendant cinq minutes; versez maintenant le lait et laissez mijoter doucement pendant 20 minutes. Au moment de servir, ajoutez une cuillerée de crème et quelques gouttes de citron et envoyez à table avec du riz bouilli (séparé).

No. 6. —BOEUF CURRY (Sec).

Mêmes ingrédients que pour Madras Curry, n ° 4, et préparez de la même manière, mais n'ajoutez pas de lait. Ajoutez environ quatre cuillères à soupe de bonne sauce lors de la préparation, mais ajoutez deux cuillères à soupe de crème cinq minutes avant de servir. (Si je dis sec, pas très sec, mais en second lieu; ajoutez quelques gouttes de citron lors de l'envoi à table.) Ce curry doit être mis à feu très lent, un four chaud fera l'affaire; si c'est le cas, vous devez regarder toutes les cinq minutes au cas où il brûlerait. Ce curry peut être mangé avec du riz, des pommes de terre bouillies ou du pain grillé si vous le souhaitez. Certains currys secs sont cuits dans une poêle dans les dix minutes, seuls les oignons et les farces au curry doivent être dorés et la viande mélangée avec.

NB - Doit utiliser une cuillère en bois pour tous les currys pour faire dorer les oignons et les farces au curry, etc. mieux qu'un plaqué.

N ° 7. —BOEUF CURRY (Balle).

Prenez une livre de bœuf sans peau, sans os, etc., mettez-la dans une machine à saucisses et faites-la en purée; mettre sur une assiette, poivrer légèrement. Maintenant, prenez les mêmes ingrédients que pour le n ° 4, hachez finement le gingembre, l'ail et mélangez avec la viande avec peu de sel. Maintenant, faites de cette viande des boulettes aussi grosses qu'un marbre, farinez-la et faites-la frire dans du saindoux jusqu'à une couleur brune. Ne le laissez pas casser. Maintenant, gardez cela de côté, placez un bon plat à ragoût sur le feu, et mettez-y le beurre et les oignons émincés, et la poudre de curry. Quand tous ces jolis et bruns y ajoutent les boulettes de viande. Mélangez lentement, pour ne pas casser les boulettes de viande. Maintenant, ajoutez une demi-pinte de bon lait, ou de la sauce, et laissez reposer sur un feu lent jusqu'à ce que vous le vouliez. Au moment de servir, ajoutez une cuillerée de crème, quelques gouttes de citron et du sel au goût, et envoyez à table avec du riz bouilli, etc.

NB - Ce curry ne doit pas en faire trop, et la viande ne doit pas être exagérée lors de la friture; et lorsque vous passez la viande dans la machine à saucisses, vous pouvez en même temps ajouter les épices, l'ail, le gingembre, avec la viande à écraser. Si vous préférez chaud, ajoutez un peu de poivre de Cayenne.

N ° 8. - CURRY DE POULET.

- Un poulet de bonne taille (environ une livre ou plus).

Autres ingrédients identiques à ceux du curry de Madras, n ° 4. Coupez maintenant le poulet en deux sur chaque joint. Gardez-le de côté. Maintenant, faites revenir les oignons, tranchés, dans une casserole, avec une grande cuillère de beurre. Lorsque les oignons sont bien dorés, faites-y simplement frire le poulet à moitié cuit. Sortez-le et restez à l'écart. Maintenant, faites frire la poudre de curry jusqu'à ce qu'elle soit belle et brun foncé, puis ajoutez le poulet, plus d'oignons et d'autres choses dans la poudre de curry de friture, etc., et ajoutez une demi-pinte de bonne sauce et mettez-la à feu lent pendant 20 minutes. Au moment de servir, ajoutez deux grandes cuillères de crème. S'il est très sec, ajoutez-y un peu plus de sauce. Quelques gouttes de citron l'aromatiseront, mais je recommande de faire du poulet un «moley», comme le n ° 29. Beaucoup plus agréable à manger avec du riz ou à traiter comme un plat ordinaire, et la volaille au curry (entière) plus agréable comme un joint.

N ° 9. —SNIPE CURRY.

Habillez quatre snipes comme pour servir sur du pain grillé; puis coupez-le en deux, poivrez-le et salez-le, roulez-le en peu (ou saupoudrez-le de) farine et faites-le frire dans une grande cuillère de beurre ou de saindoux, quart cuit ou presque à moitié cuit. Gardez-le de côté. Maintenant, prenez une bonne casserole, mettez le feu, faites fondre une cuillerée de beurre et faites-y revenir un gros oignon émincé; mettre en

- 1 cuillère à soupe de coriandre.
- 1 cuillère à soupe de poudre de riz.
- Une pincée de poudre de cumin.
- Une pincée de safran et d'épices.

Laissez tout cela frire doucement dans le beurre, puis ajoutez une demi-pinte de bonne sauce, salez au goût et laissez reposer sur un four chaud, en mijotant doucement jusqu'à ce que vous en ayez besoin. Cinq minutes avant de servir, ajoutez les *snipes* frites , avec quelques gouttes de jus de citron, et mettez à table. Ne le laissez pas être trop juteux, mais la demi-pinte de sauce doit être réduite à un quart de pinte. Le poivre de Cayenne doit être ajouté si vous préférez les currys chauds. Le snipe ne doit être chauffé qu'à travers, et pas tout *à* fait terminé. Ce curry est agréable avec du riz, des toasts, etc. etc. Peut presque être traité comme un plat.

N ° 10. —PIGEON CURRY.

Prenez quatre jeunes pigeons et habillez-vous de la même manière que pour le salmi de pigeon, et traitez de la même manière que pour le curry de snipe, n ° 9. Tout curry peut avoir un goût différent en réduisant les ingrédients ou en le dépassant, ou en utilisant du tamarin ou du vinaigre de cornichon au lieu du jus de citron, ou en utilisant du lait au lieu de la sauce; et à certains currys, ajoutez de la crème et d'autres currys utilisant du jus de coco (lait).

N ° 11. —PORK CURRY.

Une livre de porc frais et maigre, et les mêmes ingrédients que pour Madras Curry, n ° 4; n'utilisez que trois parties de tout. Une pincée de Cayenne aromatisera ce curry. Le tamarin (un acide?) Est plus agréable que le jus de citron, le vinaigre, etc. Pour utiliser le tamarin, prenez un morceau de la taille d'une grosse noix, mettez-le dans une tasse et ajoutez environ deux cuillères à soupe d'eau froide, et pressez-le avec une cuillère ou avec votre doigt, passer à travers une mousseline propre et ajouter au curry. Le tamarin est toujours bon pour toute sorte de curry brun, et le jus de citron pour les curry jaunes ou blancs, et le vinaigre pour le «moley», car c'est un plat, et peu de trucs au curry sont utilisés.

N ° 12. —VEAU CURRY.

Tout comme le Madras Curry, n ° 4, mais le veau au curry, pas plus agréable. Si vous avez des côtelettes de veau, traitez-le comme Côtelettes de mouton au curry, n ° 17.

N ° 13.-CURRY DE MOUTON.

POUR UNE LIVRE DE MOUTON (SANS GRAISSE).

Ingrédients identiques à ceux du Madras Curry, n ° 4 mais pas la quantité. Seules trois parties doivent être prises de chacun; les farces de curry n'ont pas besoin d'être frites comme pour les currys de Madras, mais coupez le mouton en carrés d'un demi-pouce, mettez-les dans une casserole, puis ajoutez les farces de curry (poudres?),

26

épices, etc., et ajoutez une cuillère à soupe de crème au moment de servir, ainsi que quelques gouttes de jus de citron. Les currys à base de mouton ne sont pas aussi bons que s'ils étaient faits à partir d'une partie tendre de bœuf, mais en Inde et à Ceylan, plusieurs castes ne touchent pas au bœuf - elles se nomment elles-mêmes des castes élevées et portent de nombreux noms - elles mangent toujours du mouton, des volailles, des légumes, etc. La caste Brahman ne mange jamais de viande d'aucune sorte; ils mangent encore le pur jus de bœuf - comme du lait, du ghee, [5] beurre et un autre type de médicament fabriqué à partir de la chair du bœuf, appelé en tamoul «paroong kayam».[6]

N ° 14. —CURRY DE PERDRIX.

Je n'ai rien à dire pour ce curry, car vous pouvez imiter le curry de pigeon; de toute façon, vous devez mettre dans une sauce forte, car la perdrix n'a pas bon goût si elle est au curry. S'il vous reste de la perdrix du dîner, le lendemain, vous pouvez la curry comme le pigeon, mais ne la laissez pas mijoter trop longtemps au four. Tout type de gibier (oiseaux?) Peut être fabriqué de la même manière que le pigeon.

N ° 15. —TRIPE CURRY.

Prenez environ deux livres. de bonne partie épaisse des tripes, coupez-les en environ quatre pouces carrés, ou pas du tout, plongez-la dans de l'eau chaude, pas bouillante, mais presque. Ensuite, retirez et grattez tout ce qui est noir, nettoyez-le aussi blanc qu'une nappe blanche, et faites-le bouillir tendre pendant que vous faites bouillir pour la «Tripe Fricassée». Une fois refroidi, coupez-le en carrés d'un demi-pouce, poivrez-le légèrement. Mettez un plat à ragoût sur le feu et mettez un morceau de beurre. Lorsqu'elles sont chaudes, ajoutez les tripes, faites-les frire à une couleur or brunâtre, puis retirez-les et mettez-les dans une assiette jusqu'à ce que vous en ayez besoin. Maintenant, ajoutez la farce au curry, comme n ° 4, dans la casserole sur le feu, et retournez-la encore et encore jusqu'à ce qu'elle soit bien dorée. Maintenant, ajoutez les tripes que vous avez frites et une demi-pinte de bonne sauce et laissez mijoter doucement à feu doux. Au moment de servir, ajoutez une cuillère à soupe de crème et quelques gouttes de citron. Quelques belles épices et une pincée de poivre de Cayenne doivent être ajoutées lors de la friture des poudres de curry. C'est un très bon curry. À propos, la sauce dans laquelle vous faites bouillir les tripes doit être bouillie avec d'autres os, légumes, etc., et l'ajouter au curry au lieu d'une autre sauce.

N ° 16. CURRY VIVANT, AVEC BACON.

Prenez une livre de foie et un morceau de gras de bacon, faites bouillir les deux dans une poêle pendant un quart d'heure, puis retirez-le du feu, laissez-le refroidir, puis coupez-le en carrés d'un demi-pouce, ajoutez environ ¼ lb de bacon à une livre de foie, et le traiter de la même manière que Madras Curry, n ° 4. Le Liver Curry considéré comme pas plus agréable. Les partis en Inde et à Ceylan (les Européens) ne se soucient pas beaucoup du foie au curry, mais en tant qu'entrée, «Liver and Bacon». Un plat de petit-déjeuner en Inde et à Ceylan.

N ° 17. —CHOPS CURRIÉS.

C'est une façon variable de préparer des côtelettes de mouton pour le petit-déjeuner ou comme plat principal pour le dîner. Prenez huit bonnes côtelettes, et aromatisez-le comme d'habitude comme pour le servir lui-même (je veux dire placez les côtelettes sur un plat plat, poivrez et salez). Du vinaigre, un filet d'huile de Lucca et quelques gouttes de sauce, et laissez tremper pendant quelques minutes, puis placez une poêle sur le feu, ajoutez un morceau de beurre. Une fois fondues, ajoutez les côtelettes et faites-les frire à la manière habituelle des côtelettes de mouton. Une fois terminé, retirez-le de la poêle et conservez-le dans une assiette. Maintenant, prenez un gros oignon et coupez-le en tranches, et faites-le revenir à une couleur dorée dans la poêle, vous avez fait frire les côtelettes, puis ajoutez-y toutes les farces de curry comme indiqué dans le Madras Curry, n ° 4, sauf le poivre de Cayenne, le gingembre et l'ail. Lorsque tous ceux-ci sont bien frits, ajoutez quatre cuillères de bon bouillon (brun) et ajoutez maintenant les côtelettes dans la poêle. Laissez-le chauffer, Servir ensuite sur un plat chaud et envoyer à table avec des pommes de terre, des légumes, etc., comme un plat. Peut également être utilisé avec du riz bouilli.

N ° 18. —STEAKS CURRIÉS.

Identique aux côtelettes au curry, mais pour faire frire les steaks d'abord, procédez de la même manière que pour les côtelettes de mouton. La purée de pommes de terre devrait rejoindre ce plat, et les épinards bouillis frits au beurre avec un oignon seront un bon accompagnement, mais la partie dure du bœuf ne ferait pas non plus. Vous ne devez pas battre les steaks avec un hachoir ou un attendrisseur à steak, car tout le jus sera épuisé; presque aucun goût. Au moment de servir, ajoutez quelques gouttes de jus de citron, et ce curry aura meilleur goût s'il est glacé avant de l'envoyer à table de la manière suivante: - Mettez le feu à un plat à ragoût, lorsqu'il est chaud, mettez un peu de beurre et un petit oignon, finement tranché et cuillère à café de toute sauce. Utilisez maintenant une cuillère en bois pour faire frire les oignons et pressez-les dans la casserole. Lorsque la couleur est belle et brune et que les oignons frits sont collés dans la casserole, versez le curry que vous avez préparé et une cuillère de crème; laissez mijoter quelques minutes. Envoyez à table avec du riz. N'oubliez pas d'ajouter du jus de citron ou du vinaigre.

No. 19. - CURRY DE JEU (Divers).

Le Game Curry que je veux dire est donc: — elk; venisons; volaille, comme la dinde, les oies, le canard, etc. lapin, etc. Peut être curry comme le n ° 4, mais il n'est pas plus agréable d'en faire un curry jaune, comme pour le poisson ou les légumes.

N ° 20. —LAPIN OU LIEVRE CURRY.

NB - Je pense que le lapin a fait un ragoût brun gleeced beaucoup plus agréable que de le mettre dans un bocal, et se prépare comme un lièvre cru, car il enlève toute la saveur, et la sauce a bon goût, et la viande presque comme la viande de soupe ou viande bouillie nature; mais le lapin au curry n'est pas une mauvaise recette, s'il est bien fait, à utiliser comme plat ordinaire.

Prenez un petit lapin; la peau; et coupez en petits morceaux aussi grands que deux pouces carrés; farinez-le et faites-le frire dans du beurre ou du saindoux, juste en dessous, et faites-le dorer à l'extérieur; gardez-le de côté. Mettez maintenant un plat à ragoût sur le feu et ajoutez le reste du beurre ou du saindoux avec lequel vous avez fait frire le lapin; quand ce saindoux est bon et chaud, trancher un oignon et le faire dorer dans la casserole. Maintenant, ajoutez la poudre de curry identique au curry de Madras, n ° 4. Lorsque tout cela est bien doré et brunâtre, ajoutez une pinte de sauce ou de lait, et laissez mijoter doucement à feu doux; et un quart d'heure avant de mettre à table, ajouter le lapin frit à la sauce au curry, et laisser mijoter 15 minutes. Au moment de servir, ajoutez quelques gouttes de jus de citron et une cuillère de crème. Le curry ci-dessus pour bouilli riz; si pour un «plat», il suffit de couper le lapin en joints et de préparer la même chose que le curry ci-dessus. Au moment de servir, ajoutez un verre de bordeaux à la place du jus de citron.

N ° 21. - OEUF CURRY (jaune blanchâtre).

Faites bouillir six œufs et mettez-les dans de l'eau froide jusqu'à ce que vous en ayez envie. Mettez maintenant une casserole sur le feu et ajoutez une demi-cuillère à café de safran en poudre (jaune); une demi-pinte de lait; un gros oignon, tranché; une cuillère à soupe de jambon ou de corned-beef finement haché; un poivron vert, coupé en quartiers; une pomme de terre, en purée (la pomme de terre restante du dernier repas fera l'affaire). Maintenant, laissez mijoter pendant un quart d'heure; ne le laissez pas brûler. Au moment de servir, sortez les œufs de la coquille; coupé en deux; déposer les œufs sur un plat de légumes (la partie coupée vers le haut). Maintenant, ajoutez une cuillère à soupe de crème et quelques gouttes de jus de citron; sel au goût, versez sur les œufs et envoyez à table avec un curry brun pour accompagner le riz (bouilli). Le samball et le hareng frit peuvent être envoyés avec ces currys et riz ci-dessus. Poppadoms [7] et les canards de Bombay seront un bon accompagnement s'ils pouvaient être achetés.

N° 22. —OEUF CURRY (Marron).

Faites bouillir les œufs comme le n ° 21 et mettez-les dans l'eau froide jusqu'à ce que vous en ayez envie. Maintenant, préparez la sauce curry (brune) sous le n ° 26, versez sur les œufs coupés en deux, comme œuf au curry (jaune). Les caris aux œufs ont toujours appelé à Ceylan «un curry de repos», car dans plusieurs maisons de repos à Ceylan, peu de visiteurs passent généralement par là, à côté de ces gardiens de maison de repos, ils ne peuvent pas obtenir de bœuf frais, etc. Ils ont toujours beaucoup d'œufs, volailles, légumes indigènes, etc., mais seul le curry aux œufs peut être préparé rapidement. Lorsqu'un gentleman passe d'un quartier de plantation à un autre, un box cooly ou un gardien de cheval (palefrenier) court devant un certain endroit, sur ordre de son maître. Lorsqu'il entre dans la maison de repos, le gardien de la maison de repos sait qu'un monsieur arrive. Aussitôt ordonnera-t-il de tuer un poulet et de le griller sous forme de scotch? et faites bouillir deux œufs; quand cela fait le compagnon de cuisine[8] pressera la moitié d'une noix de coco, avec peu d'eau, mélangez du safran, du piment vert salé, du poisson des Maldives, etc., maintenant il fait bouillir cela pendant cinq minutes. Il y a le petit déjeuner prêt! La facture peut être ainsi: - Poulet grillé; citrouille bouillie ou haricots, parfois pommes de terre; riz bouilli; œuf au curry; samball; thé, café ou bière, etc. Le dîner peut être similaire à celui ci-dessus avec addition de soupe. Parfois, les currys sont fabriqués à partir de légumes indigènes, car il y a beaucoup de légumes bons et sains à Ceylan (je veux dire) en plus des légumes anglais. Les maisons de repos remplacent les buvettes et les restaurants se trouvent en Angleterre.

N ° 23. —OEUF CURRY (Omelette).

Faites une omelette salée avec du jambon haché, du persil, etc. Une fois cuite, coupez-la en carrés d'un pouce et versez sur la sauce au curry, brune ou jaune, comme nos 21 et 22.

NB — L'omelette ne doit être faite que juste avant de servir, car elle deviendra dure, etc. La sauce au curry peut être préparée à l'avance.

N ° 24. —OEUF CURRY (poché).

Préparez la sauce au curry, brune ou jaune, comme n ° 26, 27. Au moment de servir, laissez mijoter la sauce au curry doucement. Maintenant, cassez soigneusement les œufs et mettez-les dans la sauce au curry, chacun séparément. Identique au pocher des œufs dans une poêle. Le plat doit être un plat à ragoût large. Lors du mélange, vous devez soigneusement prendre les jaunes sans les casser et les verser sur la sauce et les envoyer à table avec du riz bouilli; et de fines tranches de jambon doivent être remises en rond avec ce curry et riz. N'oubliez pas le samball pour chaque curry, ainsi que le hareng rouge frit.

N ° 25. -OEUFS FRITS POUR LES CU-RIES.

Battez les œufs de la même manière que pour une omelette salée, mais omettez les herbes douces, ajoutez du jambon haché, du sel, du poivre, un trait de farine et une pincée de poivre de Cayenne, et faites-les frire dans du beurre ou du saindoux (comme pour les omelettes ou en petits gâteaux). Envoyer à table avec le curry et le riz dans un plat séparé. Le plat ci-dessus (généralement à la manière native) n'est pas utilisé dans les maisons des hommes, mais je le recommande d'essayer.

N ° 26. —SAUCE AU CARI (Marron, pour la viande de toute sorte).

Placer une casserole sur le feu, ajouter une cuillerée de beurre; une fois fondu, ajoutez un oignon coupé en tranches; quand la couleur est à moitié brunâtre, ajoutez une cuillère à soupe et demie de poudre de coriandre, une de poudre de riz comme n ° 48, une cuillère à soupe de safran, une pincée de poudre de graines de cumin. Maintenant, retournez-le bien avec une cuillère en bois. Une fois bien frits, ajoutez les épices comme indiqué dans le Curry n ° 4, le gingembre et l'ail hachés finement. Maintenant, ajoutez une pinte de bonne sauce ou de lait frais et laissez mijoter à feu doux jusqu'à ce que vous le trouviez réduit à une demi-pinte. Ajoutez du sel au goût et un peu de poivre de Cayenne si vous préférez chaud. Maintenant, cette sauce au curry est prête. Cette sauce peut être réchauffée avec toutes les viandes froides, comme le bœuf, le mouton, le porc, la volaille, le gibier, etc., etc., car la viande cuite au préalable ne peut pas être cuite dans la sauce ci-dessus, seulement réchauffée. Lors de la préparation, la viande ne doit être ajoutée à la sauce que cinq à dix minutes avant de servir. La recette ci-dessus ne convient que pour les viandes froides, les foies frits, les côtelettes, les steaks, etc., etc. le curry brun pour les fêtes, comme les farces au curry; mais pour le curry jaune avec moins de farces au curry, etc., voir la recette qui l'accompagne. Mais à Ceylan ou en Inde, deux currys, etc. accompagnent toujours le riz; surtout à Ceylan un curry brun et jaune, etc., accompagne le riz à table.

N ° 27. —SAUCE JAUNE AU CARI (pour légumes, poisson, etc.).

Trancher un oignon, une grande cuillerée de jambon haché (frais, meilleur) ou un bon corned-beef (cuit), un poivron vert coupé en quartiers, une petite cuillère à café de safran en poudre, une pincée de poivre de Cayenne si vous préférez du curry chaud, la moitié pinte de lait, sel au goût. Maintenant, mettez tout cela dans un plat à ragoût propre et mettez le feu pendant vingt minutes ou plus, laissez mijoter doucement et laissez réduire à une demi-pinte. Au moment de servir, ajoutez quelques gouttes de jus de citron et une grande cuillère de crème. La sauce au curry ci-dessus est très agréable pour le poisson et les légumes. S'il s'agit d'un légume ou d'un poisson cuit, ajoutez simplement dix minutes avant de servir. S'il s'agit de légumes frais ou de poisson, à cuire dans la sauce dès le début; voir leurs en-têtes séparés. Le curry ci-dessus n'est que deuxième à un taupe fait de poisson ou de volaille.

N ° 28. - VOLAILLE CURRIÉE (un joint).

- 1 volaille et curry de bonne taille.

Tout de même que pour le curry de Madras, mais une cuillère supplémentaire de poudre de coriandre et une cuillerée de noix de coco grattent bien (*c.-à-d.*, en Angleterre, j'ai vu et aussi utilisé de la noix de coco grattée et conservée en boîte par une entreprise de Londres). Cette noix de coco peut être ajoutée à toutes sortes de currys bruns, car elle donne de la saveur au curry; mais c'est une idée nouvelle, qui ne convient pas ou qui n'est pas utilisée en Orient pour un curry. Habillez la volaille comme pour l'ébullition et faites-la bouillir quelques minutes (insuffisamment cuite). Gardez cela de côté, mais ne gaspillez pas le bouillon. Mettez maintenant sur le feu un grand plat à ragoût (assez grand pour contenir la volaille), coupez un gros oignon et faites-le revenir dans le beurre. Lorsqu'ils sont bien dorés, sortez les oignons et mettez-les dans la volaille, et faites-les frire tous les côtés de belle couleur dorée, sortez la volaille de la poêle. Maintenant, ajoutez toutes les farces de curry, les épices, le gingembre, l'ail, etc., etc., et le bouillon dans lequel la volaille a été bouillie, et une demi-pinte de lait et de feuilles de laurier. Laissez tout mijoter jusqu'à ce que la sauce au curry soit réduite à une pinte ou un peu plus. Maintenant ajoutez la volaille et retournez-la de temps en temps; ne le laissez pas brûler. Au moment de servir, ajoutez quelques gouttes de jus de citron ou de vinaigre (mariné), une cuillerée de crème, du sel au goût et du poivre de Cayenne si vous préférez. Mettre à table sur un plat plat assez grand pour découper la volaille, et laisser assez de sauce pour faire le tour de la table; Je veux dire ni juteux, ni sec. Ce qui précède doit être traité comme un joint. Si le reste peut être réchauffé dans une poêle, la volaille coupée en morceaux et envoyée à table avec des pommes de terre frites, garnie de chou vert (bouilli) ou de choux de Bruxelles fera mieux. Ce qui précède fera mieux un dimanche pour le dîner, comme suit: -

Pas un mauvais dîner ⌐ Bœuf, mullagatawny et riz.

pour une petite
fête.

Poules au curry et plein de
légumes et de pommes de
terre.

Une sorte de pudding.

N ° 29. —POULET MOLEY.

POUR DEUX JEUNES POULETS ET UN PEU DE SAUCE.

Coupez le poulet en joints et faites bouillir tous les os, etc., pour la sauce. Mettez un plat à ragoût sur le feu, ajoutez la sauce aux os de poulet, une demi-pinte de lait, une petite cuillère de beurre, une cuillère à soupe de safran en poudre, une cuillère à soupe de jambon haché, une petite pincée de poivre de Cayenne, une feuille de laurier, des épices (un peu de cannelle, deux clous de girofle), sel au goût, un oignon tranché. Laissez bouillir (je veux dire mijoter) pendant cinq minutes, puis ajoutez le poulet, mis à feu doux jusqu'à ce que la viande soit tendre. Au moment de servir, mélangez une cuillère à soupe de farine dans deux cuillères à soupe de crème dans une tasse à thé, puis ajoutez-la dans le moley et remuez bien; laissez mijoter 2 à 3 minutes. Lors du concassage, ajoutez quelques gouttes de jus de citron ou de vinaigre mariné. Le plat ci-dessus doit être de couleur jaune clair, la sauce épaisse comme de la crème. Purée de pommes de terre et bacon frit peuvent garnir ce plat, de carottes rouges, coupées fines et jolies, et coincé dans la purée de pommes de terre autour du plat. L'entrée ci-dessus doit être servie sur un petit plat plat pour un dîner, un déjeuner, un dîner, etc.

N ° 30. —POISSON MOLEY.

POUR DEUX LIVRES DE SAUMON.

NB - Le poisson Moley ressemble presque à un curry (*voir* Fish Curry, Salmon, n ° 31).

Coupez le saumon de près d'un pouce d'épaisseur, puis coupez-le en deux pouces de long, un pouce de large ou en petits morceaux ronds. Mélangez maintenant dans une casserole ce qui suit: —une pinte de fond de poisson, de sauce blanche ou de lait, une petite cuillère de beurre, une cuillère à soupe de safran en poudre, une cuillère à soupe de jambon finement haché, une pincée de poivre de Cayenne, une feuille de laurier, des épices (un peu de cannelle ou de clou de girofle), un gros oignon tranché, sel au goût. Mélangez tout ce qui précède dans la casserole et mettez le feu. Quand il mijote, ajoutez le poisson et laissez mijoter doucement jusqu'à ce que le poisson soit cuit. Au moment de servir, écrasez une pomme de terre bouillie dans deux cuillères à soupe de crème. Verser sur le moley, ajouter quelques gouttes de jus de citron et envoyer à table avec des pommes de terre bouillies (écrasées et cuites au four), en forme de pudding. Supposons que si vous avez un poisson froid bouilli la veille, mélangez simplement la sauce et laissez mijoter jusqu'à ce que vous le vouliez, ou dix minutes avant l'envoi à table. Tout bœuf frais, bœuf froid, mouton, etc., peut être transformé en moley, mais le bœuf frais doit être une partie tendre - la coupe inférieure d'un surlonge fera bien l'affaire. Il ne peut pas être fabriqué à partir de porc, car il ne sera pas aussi bon que le poulet ou le poisson.

N ° 31. - CURRY DE POISSON (Saumon).

Le curry de poisson est fabriqué de plusieurs façons différentes à Ceylan et en Inde, sous forme de curry brun ou jaune, mais similaire au poisson moley, aux œufs durs au curry, n ° 22, et au curry de pommes de terre, n ° 35; mais vous devez ajouter une cuillerée de jambon haché ou de corned-beef et utiliser du jus de citron, pas du vinaigre. Le curry de poisson (brun) peut être fait de la même manière que le curry de Madras, n ° 4. Mais continuez à faire la sauce au curry, n ° 26, puis ajoutez le poisson. Dès que le poisson est tendre, le curry est prêt. N'ajoutez pas de beurre aux currys de poisson. Les cuisiniers indigènes utilisent la coriandre, le safran, les piments, etc., sans les rôtir dans la poêle. - Voir «Poudre de curry maison», n ° 1, mais en les broyant sans les rôtir.

N ° 32. - CURRY DE POISSON (Divers).

* Saumon.
* Haddocks.
* Semelles.
* Merlan.
* Morue.
* Whitebait.
* Harengs frais.
* Homards.

- Crabes.
- Huîtres.
- Crevettes.
- Crevettes, etc.

Les currys de poisson ci-dessus peuvent être préparés de la même manière que le curry de saumon, n ° 31, le curry aux œufs (jaune), le poisson moley, le curry de Madras, n ° 4, mais il faut faire très attention pour ne pas être brûlé. Les semelles et le merlan ne sont pas agréables au curry, et les huîtres doivent être utilisées sans liqueur. Les crevettes et les crevettes sont célébrées au curry si elles sont fraîchement pêchées et correctement préparées. Le tamarin utilisé pour les caris de poisson (brun) est très agréable, mieux que le jus de citron vert (citron) ou le vinaigre.

N ° 33. - SARDINES ÉTINÉES (Curry).

POUR UNE PETITE BOITE DE SARDINES D'UNE DOUZAINE.

Prenez les sardines et enlevez la partie noire; juste gratter finement; avec une cuillère, placer sur une boîte ou une assiette et faire chauffer au four. Préparez maintenant une sauce au curry (brune), identique au n ° 26, mais moins de lait ou de sauce. La sauce au curry ne doit pas être plus qu'une petite tasse de thé, belle et épaisse, sinon plus épaisse, - il suffit d'écraser une pomme de terre bouillie et de l'ajouter à la sauce. Juste avant de servir, prenez soigneusement chaque sardine et placez-la dans la sauce au curry que vous avez préparée; ne le remuez pas; mis à feu lent pendant cinq minutes. Au moment de servir, prenez chacun soigneusement sans casser, disposez-les bien sur un plat de curry ou de légumes; verser sur la sauce et envoyer à table avec du riz bouilli ou du pain grillé chaud. Tout poisson en conserve peut être préparé comme ci-dessus, à l'exception des ballons de Yarmouth, du poisson fumé, du poisson salé, du maquereau, etc., etc. Le saumon en conserve fait un joli curry. Peur qu'il se mette en purée et ressemble à une bouillie au lieu de grumeaux. La sauce au curry ci-dessus répondra à plusieurs poissons bouillis - bouillis la veille.

N ° 34. — CURRY DES LÉGUMES (Divers).

En référence à ci-dessus, la pomme de terre, le knol khol, les navets, les carottes, les panais, la moelle végétale, le concombre, les haricots, etc., peuvent être préparés de la même manière que le curry de pommes de terre, n ° 35; mais le chou, les épinards, les feuilles de navet (jeunes pousses), les choux de Bruxelles, peuvent être préparés de la même manière que le curry de pommes de terre, avec les mêmes ingrédients, mais le chou, les choux de Bruxelles, etc., mettent un peu plus de temps à bouillir tendrement; donc une sauce supplémentaire, du lait, du beurre et une cuillère supplémentaire de jambon ou de corned-beef. Les oignons doivent être ajoutés pour les verts. Plus vous ajoutez de bonne sauce, meilleur est le curry. Pour autant que j'ai vu, il n'y a pas beaucoup de légumes anglais qui peuvent être curry, mais en Inde et à

Ceylan, il y a d'innombrables légumes, verts, herbes, etc., peuvent être curry.

N ° 35. – CURRY DE POMMES DE TERRE.

POUR UNE LIVRE DE BONNES POMMES DE TERRE (PE-
LEES).

Coupez-les en carrés d'un demi-pouce; mettez-les dans une casserole propre avec une cuillère à oeuf de safran; un gros oignon, tranché; une grande cuillère de jambon haché ou de corned-beef (sel au goût); trois parties d'une pinte de lait. Bien mélanger; mettre une feuille de laurier; mettre le feu et laisser mijoter jusqu'à ce que les pommes de terre soient tendres. Si les trois quarts de litre de lait ne suffisent pas pour tendre les pommes de terre, ajoutez de la bonne sauce (bouillon), mais pas du bouillon brun. Au moment de servir, ajoutez un quart de litre de lait et une cuillère à dessert ou plus de crème et laissez mijoter. En mijotant, ajoutez quelques gouttes de jus de citron et mettez à table avec du riz bouilli. Mais un curry brun doit accompagner le curry ci-dessus.

N ° 36. – CURRY DE CHOU.

Prenez la moitié d'un petit chou et coupez-le avec un couteau tranchant aussi grand que vous coupez une laitue pour une salade; lavez-le soigneusement; mettre dans une casserole avec une pinte de sauce et faire bouillir jusqu'à ce que la moitié soit cuite. Maintenant enlevez-le du feu; ajoutez une cuillère à soupe de poudre de safran; deux grandes cuillères de jambon haché, etc .; une pincée de poivre de Cayenne (si nécessaire chaud); un gros oignon, tranché; sel au goût. Bien mélanger; enflammer. Plus de sauce ou de lait doit être ajouté, jusqu'à ce que le chou soit tendre comme d'habitude.

N ° 37. - HARICOT CURRY.

POUR UNE LIVRE DE HARICOTS FRANÇAIS.

Coupez les haricots d'un pouce de long et préparez-les comme le chou au curry. Les mêmes ingrédients feront et doivent accompagner un curry de viande à table. Ces currys ne peuvent être gleeced, si vous voulez, ou peuvent être servis nature, mais le gleece donne une bonne odeur et un bon goût. N'importe quel curry peut être gleeced. Si vous souhaitez faire du curry de fèves, il faut enlever la peau la plus épaisse et peser une livre; mais les fèves ne sont pas un haricot utile pour le curry, mais seulement meilleur comme légume en le faisant cuire dans un pot avec du beurre et de la menthe. - Voir Légumes pour le tableau, n ° 53.

N ° 38.-OIGNON CURRY.

Identique au curry de pommes de terre, n ° 35. Les gros oignons doivent être coupés en quartiers et les petits oignons mis en entier; mais en Inde et à Ceylan, nous avons des oignons (je veux dire les oignons de boutons à peau rouge) qui font un délicieux curry.

44

N ° 39. - BISCUITS DE CABINE DÉ-VILLÉS.

- 1 oignon tranché.
- 1 cuillère à soupe de beurre.
- 2 cuillères à soupe de bonne sauce au boeuf.
- 1 cuillère à oeuf ou moins de Cayenne.
- Une pincée de poivre; Sel au goût.
- 1 petite pomme de terre en purée.
- 1 cuillère à soupe de sauce Worcester (Lea & Perrins).

Mode. - Émincez les oignons et faites-les revenir dans une casserole avec le beurre; lorsque les oignons prennent une couleur dorée, ajoutez tous les autres ingrédients. Pendant que vous préparez ce qui précède, faites tremper six biscuits de la cabine dans de l'eau bouillante pendant deux minutes, puis sortez-les de l'eau et assaisonnez les biscuits, et versez sur la sauce diable que vous avez préparée. Couvrir les biscuits de sauce et servir chaud. Le plat ci-dessus est bon pour le déjeuner, etc.

N ° 40. - VIANDE DÉVILLÉE (Divers).

Mêmes ingrédients que pour les biscuits, n ° 39, mais la viande doit être coupée de deux pouces de long et ajoutée à la casserole dès que les oignons sont frits. Remuez quelques instants en y retournant les morceaux de viande. À propos, la viande fraîche doit être frite un peu brune, car la viande fraîche est toujours dure à moins que la viande ne soit coupée. Des cuillères supplémentaires de sauce doivent être ajoutées aux viandes farcies. Les boutures des joints froids sont agréables; mais le bœuf frais doit être tendre (comme je l'ai déjà dit, dégagé). Volaille, canard, mouton, dinde, oies peuvent se faire de la même manière (je veux dire à partir de joints rôtis au préalable); mais vous devez réduire ou dépasser les ingrédients pour la quantité de poids. Les quantités données pour les biscuits farcis sont suffisantes pour 1 lb ou moins de viande. Faites attention de ne pas brûler. - Voir Biscuits farcis.

N ° 41. - MOLLAGOO TANNEY, ET NON MULLIGATAWNY.

- 2 bons pintes de sauce de bœuf de mouton ou de soupe au poulet.
- 2 grandes cuillères de poudre de coriandre.
- 1 cuillère à soupe de poudre de riz sous le n ° 48 et une pincée de poivre.
- 1 pinte de bon lait.
- 2 gros oignons, tranchés.
- 1 morceau de gingembre.
- 1 ail, petit.
- ½ cuillère à café de poudre de cumin.
- Une pincée de safran.
- 1 cuillère à soupe de beurre.

Mode. - Les farces de curry que vous utilisez pour le mollagoo tanney devraient être très bonnes. Prenez un grand plat à ragoût et mélangez tout ce qui précède ensemble, un seul oignon (tranché), l'ail et le gingembre hachés finement. Laissez mijoter pendant dix minutes, passez-le maintenant dans une mousseline ou une passoire à sauce. Faites maintenant frire l'autre oignon dans la cuillère à soupe de beurre dans une autre casserole. Lorsque les oignons sont dorés, ajoutez le mollagoo tanney avec une petite feuille de laurier, écumez la graisse et envoyez-le à table dans une soupière comme soupe; mais cela devrait être utilisé à la place de la soupe, ou du premier plat pour un déjeuner ou un petit-déjeuner ou un dîner, mais je recommande pour le dîner en Europe. Le citron coupé doit être remis avec le riz bouilli ci-dessus et ordinaire. Le hareng rouge frit ne serait pas un mauvais accompagnement. En Inde, le mullagatawny est généralement utilisé une fois par semaine, par exemple un dimanche ou un mercredi. Les indigènes ont généralement ce mullagatawny les vendredis après leur caste. Certains mullagatawny sont faits de farces de curry simples, de tamarin, etc., ne valent pas la peine pour les Européens. Certaines parties qui ont visité l'Inde aiment mieux le mullagatawny indigène que ce qui précède, selon le goût, mais je recommande ce qui précède aux Européens. Le poivre de Cayenne doit être ajouté si nécessaire chaud.

N ° 42. —PILLAU DE RIZ (un plat mahométan), au joint pour le dîner.

Faites cuire le riz comme n ° 50. Gardez-le de côté jusqu'à ce que vous le vouliez, puis mettez une poêle sur le feu. Avoir deux gros oignons (tranchés) et deux cuillères à soupe de beurre, et ajouter une demi-cuillère à café de safran. Lorsque tout ce qui précède est bien brun, ajoutez le riz, et continuez à tourner pendant quelques minutes, saupoudrez un peu de sel. Maintenant c'est prêt après avoir distribué ce qui précède. Faites frire un gros oignon (tranché) et des raisins secs (frits), des amandes tranchées. Saupoudrez les trois ci-dessus sur le riz pillau. Le riz pillau doit accompagner la volaille rôtie ou les côtelettes de mouton en écrasant la viande sur un plat plat, en le recouvrant de riz pillau et en saupoudrant d'oignons frits, etc. Le persil à la menthe peut être frit et ajouté. S'il doit être mangé avec du curry, utilisez du curry de Madras, du kabob ou du saumon et omettez la viande avec du pillau.

N ° 43. - SAUCE LÉMONIQUE (CHAUDE).

- Jus d'un gros citron.
- 1 cuillère à soupe de Cayenne.
- 1 cuillère à soupe de sucre blanc pilé; Un peu de sel.

Mélangez le tout dans une tasse et utilisez. Si nécessaire, faites bouillir le tout dans une casserole émaillée; quand il est froid en bouteille. Cette sauce est très agréable avec de la viande froide ou des plats cuisinés.

N ° 44. - CHUTNEY DE POMME.

COMMENT FAIRE EN ANGLETERRE.

- ½ lb de pommes aigres, pelées et épépinées.
- ¼ lb. Groseilles.
- 1 once Piments (ou ½ oz. De Cayenne).
- 1 cuillère à soupe de cassonade.

- 125 grammes. Sel, ou au goût.
- 1 cuillère à oeuf poivron, finement moulu.
- 1 once Ail, haché finement.
- ¼ oz. Green Ginger, bien haché.
- ¼ lb de raisins secs.

Mode. - Nettoyez les raisins secs et les raisins secs et écrasez-les dans un moulin ou un pilon de pierre. Maintenant, broyez les pommes et tous les autres ingrédients en une pâte lisse (je veux dire, pas trop mince ou en grumeaux). Maintenant, mélangez-les bien avec une demi-bouteille de meilleur vinaigre et embouteillez-le dans des bouteilles de fruits acidulés bien bouchés. Si vous avez besoin de plus sucré, prenez plus de sucre, et s'il est trop aqueux, mettez un peu moins de vinaigre. Le plan de chutney ci-dessus convient aux charcuteries, currys, etc. À Ceylan, le chutney à la mangue est fabriqué de la même manière, mais ils utilisent du tamarin et, lors du broyage, du vinaigre pour ramollir les ingrédients lors du broyage.

N ° 44a. —MENTHE CHUTNEY.

- ½ lb. Menthe.
- 1 once Cayenne.
- ¼ lb de sel.
- ¼ lb de raisins secs.
- 2 oz. Gingembre.
- ¼ lb de cassonade.
- 1 once Ail.
- ½ bouteille de vinaigre pour broyer ce qui précède.
- ½ bouteille de vinaigre, chaud, à verser.

Mode. —Broyez ou écrasez ce qui précède en ajoutant le vinaigre froid par degrés pour ramollir. Quand il est bon et lisse, mettez dans un bol et versez sur le vinaigre chaud. Une fois refroidi, mettez-le en bouteille dans des bouteilles de fruits acidulés et fermez bien le bouchon.

NB - Je peux vous donner des dizaines de recettes de chutney. Je crains qu'il ne soit inutile de le dire dans ce livre, car les ingrédients ne peuvent pas être achetés frais, comme les mangues, les ananas, le lavi-lavi, le blinga, le tamarin, les piments mûrs, les chutnies, etc. Ce qui précède est une recette que j'ai essayée à Newera Eliya, Ceylan, où la menthe fraîche peut être consommée dans n'importe quelle quantité de première classe, comme en Angleterre et en Ecosse.

N ° 45. - SAMBALL RAPIDEMENT.

COMMENT FAIRE EN ANGLETERRE.

Hachez finement un gros oignon, une cuillère à café de poivre de Cayenne, un autre de sucre broyé, une cuillère à soupe de jambon finement haché (cuit), une cuillère à café de sel, une cuillère à soupe de vinaigre ou de jus de citron.

Mode. —Mélangez tout ce qui précède dans un petit bol avec une cuillère en bois ou avec votre doigt propre. Ajoutez maintenant le vinaigre. Encore une fois bien mélanger et envoyer à table avec du porc froid, des currys, etc. Un peu plus de sucre peut être ajouté si vous préférez sucré. Il y a beaucoup de samballs qui peuvent être fabriqués, mais tous doivent passer la pierre de curry ou le pilon en pierre. Les samballs à base de piments secs, de piments verts, de jus de noix de coco, de poisson des Maldives, d'oignons, de poissons cuits, de viandes, de menthe, etc., etc. Les samballs sont une grande amélioration des currys. A Ceylan, chaque cuisinier envoyait un samball à table avec le curry et le riz; aussi les repas indigènes ne sont jamais sans samball - en particulier *samball* , ou une boule. Ce n'est qu'un chutney ou un cornichon *nouvellement* préparé, mais *frais* ,   appelé *sampball* .

N ° 46. - COMMENT FAIRE FRIRE DES HARENGS ROUGES POUR LES CURRIES.

Prenez deux gros harengs rouges communs, coupez-les d'environ un pouce et demi de long (en travers); mettre dans une assiette et ajouter une cuillère à soupe de vinaigre et un peu de poivre de Cayenne; roulez bien les harengs, faites-les frire dans du beurre ou du saindoux et envoyez-les à table secs, sans graisse. A consommer avec du riz et du curry au lieu des canards de Bombay.

Ce qui précède est une nouvelle idée que j'ai connue lors de ma première visite en Angleterre, Royal Jubilee Exhibition, 1887, à Liverpool.

N ° 47. - CURRY TOAST.

Préparez de la sauce au curry, identique au curry de Madras, n ° 4. Faites maintenant griller deux tranches de pain; coupe fine et en forme de diamant. Une fois grillé, déposez le pain grillé sur un plat de légumes, versez-le sur la sauce que vous avez préparée et envoyez-le chaud à table, avec du curry et du riz, du samball, etc.

N ° 48. - COMMENT FAIRE DE LA POUDRE DE RIZ.

Prenez une livre de bon riz et choisissez-en toutes les choses noires et autres. Et maintenant, mettez le feu à une poêle; dès qu'il fait chaud, mettez le riz et continuez à tourner jusqu'à ce que vous le trouviez de belle couleur brune; puis mettre sur une assiette pour se refroidir; puis écrasez-le dans un mortier ou un pilon en pierre (très fin) et mettez-le en bouteille, bien bouché. Utilisez une cuillère à soupe pour faire dorer les currys.

N ° 49. - LES SALLES DE MUSIQUE CURIÉES ET SERVIES SUR DU TOAST.

Choisissez une demi-livre de champignons frais et bons; saupoudrer de peu de poivre et de sel. Préparez maintenant la sauce au curry comme pour le curry snipe. Faites frire les champignons dans une cuillère à soupe de beurre et ajoutez-les à la sauce au curry; laissez mijoter doucement pendant cinq minutes, puis servez sur du pain grillé chaud. Un bon plat pour le déjeuner ou le dîner. En mangeant, une pincée de cayenne et de ketchup aux champignons peut être un bon goût. Essayez ce qui précède.

N ° 50. - RIZ, COMMENT BOUILLIR POUR LES CURIES.

Prenez une casserole émaillée pour contenir quatre litres, remplissez-la aux trois quarts d'eau fraîche et laissez bouillir. Pendant que l'eau bout, faites tremper deux livres de riz (blanc) pendant trois minutes dans de l'eau froide; puis égoutter l'eau, mettre le riz dans la casserole en ébullition, remuer pendant deux minutes, et couvrir. Lorsque vous faites bouillir, mettez dans une cuillère, sortez du riz et sentez-le avec votre doigt. Si c'est fait, égouttez toute l'eau et placez la casserole près d'un four chaud jusqu'à ce que vous le vouliez.

Il ne faut pas qu'il soit exagéré. S'il est trop cuit et presque mou, égouttez simplement l'eau de riz bouillante et ajoutez quelques tasses d'eau très froide. Remuez, égouttez à nouveau et mettez au feu ou à four chaud pendant quelques minutes, et vous trouverez chaque grain séparé. Le riz bouilli doit avoir chaque grain séparé.

NB - Le riz que j'ai vu en Angleterre, on l'appelle «Patcha Areysi», utilisé pour les galettes de riz, etc., en Inde et à Ceylan, etc. Je veux dire le riz sorti de la coquille sans faire bouillir le paddy. Le riz a sorti la coquille, appelé «Sothareysigal», comme suit, de Rangoon, Chittagong, Bengale, etc., etc.: -

* Samba.
* Muthoo Samba.
* Mollagoo Samba.
* Oosi Samba.
* Collundha.

- Bangalam.
- Cara.
- Vallareysee.
- Masareysi.
- Waddakathy Samba.

Et plusieurs autres noms indigènes trop nombreux pour être mentionnés. Le dessus tout bon pour manger après bouillie.

N ° 51. – SALADE POUR LE DÎNER, etc., pour le temps chaud.

- Concombre.
- Racine de betterave, bouillie.
- Œufs durs.
- Tomates mûres.
- Water-Cress.
- 1 gros oignon, tranché finement.
- Volaille froide, bœuf ou mouton.

Mode. -Couper la viande en fines tranches et mettre dans un plat plat, puis trancher le concombre, la betterave, les œufs, la tomate et l'oignon, et habiller le plat avec ce qui précède, en organisant soigneusement en mettant un morceau de concombre, un autre de betterave , un autre d'œufs et un autre de tomate, et mettez les oignons émincés au milieu, et le cresson d'eau autour du plat comme décoration. Maintenant préparez ceci

SAUCE.

- Jaunes de 2 œufs durs.

- 1 pomme de terre, finement écrasée.
- 1 cuillère à soupe de moutarde faite.
- 1 cuillère à café de sucre broyé, une autre de beurre.
- 2 cuillères à soupe de lait concentré (omettre le sucre); ou,
- 1 grande cuillère de crème au lieu de lait concentré.
- ½ cuillère à café de sel, un trait de Cayenne et de poivre.
- 3 cuillères à soupe de vinaigre, ou plus.

Prenez un petit bol et écrasez la pomme de terre, jaunes d'oeufs, moutarde, sucre, sel, beurre. Quand il est beau et lisse, ajoutez le lait ou la crème. Après avoir mélangé, ajoutez le vinaigre, mélangez bien et conservez séparément. Lors de l'envoi à table, versez simplement la sauce sur toute la salade avec une cuillère. Laisser reposer deux minutes et servir. Ce qui précède peut être fait avec ou sans viande, et aussi avec de la laitue si disponible. Plusieurs autres salades pourraient être préparées comme l'ont écrit les savants cuisiniers dans les livres des cuisiniers; mais je l'ai essayé moi-même dans un de mes anciens bungalows de maîtres à Ceylan et en Angleterre.

N ° 52. —SUNDAL OU POOGATHU (un plat indigène).

Coupez finement un chou (un petit) —Je veux dire aussi fin que le tabac utilisé pour les cigarettes, mettez un ragoût sur le feu, ajoutez une petite cuillerée de beurre, un oignon (tranché). Lorsque les oignons sont beaux et bien dorés, mettez le chou, tournez-le, ajoutez une tasse de bonne sauce, couvrez-le et mettez à feu doux pendant quelques minutes; puis ajoutez une cuillerée de jambon haché, un trait de poivre de Cayenne et de poivre, une pincée de safran en poudre et mettez au four jusqu'à ce que vous le vouliez. Ne le laissez pas brûler; continue de tourner. Quand il est beau et sec, envoyez à table avec du curry, du riz et du samball. Ce qui précède peut être fabriqué à partir de tous les verts; mais ce n'est pas utilisé dans les maisons européennes à Ceylan, mais très bon plat pour les currys.

N ° 53. – LÉGUMES ÉBOUILLÉS POUR LA TABLE.

Les haricots verts, les fèves, les pois, les choux de Bruxelles, etc., seront bons lorsqu'ils sont bouillis dans un bocal avec un morceau de beurre, du sel et une pincée de poivre (et de la menthe aux petits pois), mais les choux de Bruxelles nécessitant beaucoup de cuisson peuvent ajouter un peu d'eau. Les épinards et l'oseille peuvent être cuits dans un bocal avec un petit oignon (tranché), et un peu plus de sel à l'oseille. Tous les légumes peuvent être préparés comme ci-dessus. Je pense que c'est une façon économique de cuisiner des légumes; mais j'ai peur que cela ne convienne pas aux grands établissements comme les hôtels, etc., mais pour les maisons familiales, c'est une meilleure solution. Le pot doit être placé dans une grande casserole, à moitié pleine d'eau, et le voir de temps en temps pour éviter le dessèchement.

N ° 54. PÂTE DE CURRY ÉCONO-MIQUE.

* 1 lb de graines de coriandre.

- ¼ lb de piments secs.
- ½ lb de graines de moutarde.
- 2 oz. Ail.
- 2 oz. ——
- ½ lb de pois secs.
- ½ pinte de vinaigre.
- ¼ lb de safran.
- ¼ lb de poivre.
- 2 oz. Gingembre sec.
- ½ lb de sel.
- ½ lb de cassonade.
- 2 oz. Graines de cumin.
- ½ pinte d'huile de Lucca.

NB - Peu de feuilles de laurier à Ceylan et en Inde. Utilisation de Carugapilbay ou de *feuilles de curry* , noir.

Mode. - Broyez tout ce qui précède avec le vinaigre en utilisant pour humidifier les ingrédients, en utilisant une pierre de curry ou un pilon en pierre. Lorsque tout ce qui précède est beau et mince comme une pâte, mettez dans un bocal et versez sur l'huile de Lucca, et couvrez-le. Utilisez une grande cuillère pour les currys de Madras. Ce qui précède convient aux champignons, bécassines, perdrix et autres currys bruns de qualité supérieure.

N ° 55. – POUDRE DE CURRY (une recette).

- 2 livres. Graine de coriandre.
- ½ oz. Piments.
- 125 grammes. Poivre.
- 7 onces Graines de cumin.
- 7 onces Graine de moutarde.
- 1 once Feuilles de laurier.
- 8 onces Carum Seed.
- 2 oz. Safran.

Faites tout ce qui précède en poudre et calculez le poids - devrait être égal. Utilisez une cuillère à soupe et demie pour les currys bruns seulement.

N ° 56. – POUDRE DE CURRY (une recette).

- 1 lb de graines de coriandre.
- ¼ lb de graines de cumin.
- 6 onces. Safran.
- 10 oz. Piments secs.
- 2½ oz. Vantheyam (nom tamoul) Fenugrec.
- 125 grammes. Gingembre.
- 1 poignée de feuilles de laurier hachées.

Écrasez tout cela et embouteillez-le bien, bien bouché et utilisez comme ci-dessus. Les trois recettes ci-dessus sont de M. Symon Nayajam, cuisinier, de Madras et Colombo, Ceylan.

N ° 57. - POUDRE DE CURRY (une excellente).

- 2 grandes poules âgées.
- 1 lb de coriandre.
- ⅛ lb. Piments ou Cayenne.
- 6 onces. Safran.
- 2 grandes cuillères de graines de cumin.
- 1 once Gingembre sec.
- 2 oz. Ail.
- 4 grandes cuillères de poudre de riz, n ° 48; ou 4 grandes cuillères de pois secs (rôtis et moulus).
- ½ poignée de feuilles de laurier séchées.
- 1 cuillère à soupe de grains de poivre.
- 2 douz. Clous de girofle.
- ¼ lb d'oignons rouges,
- ¼ lb de beurre ou de ghee.

Mode. —Nettoyez les volailles et coupez-les en petits morceaux, les abats et tout. Mettez dans une grande casserole, ajoutez quelques litres d'eau et faites bouillir très tendre - je veux dire, laissez mijoter doucement pendant deux jours. Les os, la viande, etc. doivent être écrasés. Maintenant, sortez tous les os et restez de côté. Prenez une grande casserole, mettez le beurre et les oignons émincés et faites-les frire jusqu'à obtenir une couleur brune. Ajoutez maintenant toutes les poudres de curry, l'ail haché vers le haut, feuilles de laurier, gingembre sec, clou de girofle, poivre, le tout en poudre, et faire revenir doucement pendant quelques minutes. Ajoutez maintenant la sauce de volaille bouillie, avec la viande, etc., et laissez mijoter quelques minutes. Lorsque tout cela est réduit à trois litres, placez-le simplement sur un plat plat et laissez-le refroidir pendant une journée, ou jusqu'à ce qu'il devienne dur comme une brique. Maintenant, écrasez-le dans un mortier en pierre pour obtenir une poudre lisse et mettez-le en bouteille, bien bouché, et utilisez-le pour les caris bruns, une cuillère à dessert d'un livre, avec des oignons émincés, du lait ou de la sauce et du jus de citron.

NB - La recette ci-dessus est la plus excellente de toutes les poudres et pâtes de curry, mais sans égal. En Inde, nous pouvons préparer ce qui précède avec du tamarin inclus, pour un goût acide, et quelques autres ingrédients qui peuvent être frais à Ceylan et en Inde, mais je ne pense pas que ce soit disponible en Angleterre.

N ° 58. —CURRY DE TOMATE.

Pour une livre de tomate jeune ou verte, les mêmes ingrédients que pour le curry de pommes de terre, n ° 35, ou pour le cari brun comme pour le n ° 4, le curry de Madras. Traitez-le de la même manière que le chou au curry. Mais je recommande que les tomates soient préparées au cari brun - c'est bon. La tomate au curry est meilleure que tous les légumes si elle est correctement préparée. La tomate mûre n'est pas agréable au curry, uniquement pour les salades.

N ° 59. —CURRIES SOUS DIVERS NOMS.

Quant à mon avis, les currys peuvent être préparés à partir de n'importe quoi, si vous pouviez vous procurer les poudres de curry appropriées, etc. Certains currys sont chauds, certains secs, certains juteux, certains acides, etc. Puis les cuisiniers célèbrent les noms au menu comme Delhi Curry, Agra Curry, Madras Curry, Curry à la Punjab, Bengal Curry, Mysore Curry, et plusieurs autres noms trop nombreux pour être mentionnés dans ce petit ouvrage. Mais moi-même et plusieurs parties qui ont visité l'Inde seront heureux de recommander Madras Curries comme meilleur; et Ceylon Singhalese Curry (jaune) est bon, fait de jus de noix de coco, de poisson des Maldives, de citron, de feuilles de curry, de safran, etc. Plusieurs cuisiniers ajoutent trop de ghee ou de beurre, de saindoux, etc., mais cela ne fait que gâcher le goût du curry ; et certains cuisiniers mettent trop d'épices, et lui donnent trop d'arôme. Des ingrédients raisonnables ne pouvaient pas gâcher un curry. Une petite fille de 10 ans fera un curry, car les currys sont facilement préparés en Inde et à Ceylan.

N ° 60. - POULET CHUTNEY.

Identique au chapon de campagne ou au captian de pays, mais mélangez quelques cuillères à soupe de chutney de mangue ou tout autre chutneys, mais pas chaud.

N ° 61. - QUAND UTILISER LES CURRIES.

Premier cours.

- Soupe.
- Poisson.

- Entrées.
- Les articulations.

Deuxième cours.

- Curry et riz.
- Bonbons.
- Fromage.
- Dessert.
- Café.

NOMS DE TAMIL ET ANGLAIS POUR LES CURRY STUFFS, etc., tels qu'utilisés à Ceylan.

Je ne donne que quelques langues tamoules généralement utilisées, mais pas des mots élevés. De nombreuses parties ont visité notre continent indien comprendront ce qui suit et les noms des légumes indigènes: -

ANGLAIS.	TAMIL.
Riz.	Areysi.
Curry.	Currie.
Coriandre.	Cotha Mulle.
Safran.	Münjal.
Graines de cumin.	Seeragam.
Gingembre, sec.	Sukkoo.
Gingembre, vert.	Engi.
Sel.	Oopoo.
Chillie sec.	Cotchi Kaie.
Piment vert.	Patcha Kotchi Kaie.
Coco.	Thankaie ou Thayangaie.
Poisson des Maldives.	Massi.
Lait.	Paal.
Pain.	Rotti.
Sucre.	Sèèney.
Eau.	Thannir.
Huile de coco.	Thankaie Annay.
Ghee.	Naie.

Beurre.	Vannai.
Oignons.	Vengayam.
Feuilles de curry.	Caruga Pillay.
Citron ou limes.	Thascekaie.
Tamarin.	Puley.
Cannelle.	Carova Patta.
Clous de girofle.	Ikramba.
Poisson séché.	Caroowadoo.
Poisson.	Meen.
Du boeuf.	Erratchi.
Viande de mouton.	Art Erratchi.
Porc.	Pandi Erratchi.
Volaille.	Lieu noir.
Poulet.	Coley Kunju.

ARTICLES ALIMENTAIRES — POSANA PATHARITLAUGAL.

Viande.	Ereitchi.
Viande fraîche.	Patcha Eratchi.
Ghie Fish.	Ney Meen.
Semelles.	Nakoo Meen.
Crevettes.	Cooni, Erraal.
Crevette.	Erraal.
Homard.	Singeerral.
Crabe.	Nandoo.
Dinde.	Van Coley.
OIE.	Peria Vathu ou Wathu.
Sarcelle.	Seeragi.

Bécassine.	Collan ou Collaan.

CEREALES.	THANIYA VAGAYI.
Riz bouilli.	Soru.
Orge perlée.	Barli Arisi.
Sagou.	Sav-vari-si.
Kurrakan Raggy.	Koorakan *Kapay* .
Maïs.	Sollam, Mākka, Solam.
Les légumineuses.	Payaroo Vagaie.
Grain.	Kadalay, Thaniam.
Farine.	Mahà, Vagai.
Farine de blé.	Gothuma Mā.
Farine de maïs.	Sollam Mā.
Tapioca.	Eli lay Mā.
Marante.	Coova Mā.
Chou.	Govis Keeray.
Concombre.	*Wellari.*
Citrouille.	Poosani Kai.
Bringall.	Kathari Kay.
Wenda Kay.	Wenda Kai.
Pilon.	Mooroonga Kai.
Curry Stuffs.	Masalai.
Poivre.	Melagu.
Moutarde.	Kadoogoo.
Ail.	Vella Vengāyam.
Fenugrec.	Vanthayam.
Feuilles de Margosa	Caroova Pillay.

sombres.

Anis.	Sōōmboo.
Cardamome.	Alāmor elam.
Noix de muscade.	Sathi Kai.
Masse.	Sathi Pathari.
Citron vert.	Ellumitchan *Palam* .
Fruit.	Pala, Vagai.
Mangue.	Mām *Palam* .
Banane plantain.	*Vala* Palam.
Pomme de crème anglaise.	Seitha *Palam* .
Jack Fruit.	Paala, Palam.
Pain aux fruits.	Lera Palla Kai.
Le talon de Bullock.	Rama Seitha Palam.
Ananas.	Annāsi Palam.
Orange.	Pani Thottam, Palam.
Goyave.	Coiya Palam.

Je peux donner plusieurs autres noms en tamoul et en anglais, mais mon petit livre est trop léger pour porter le fardeau.

D. SANTIAGOE.